추억 여행

추억 여행

이창길 시집

초판 1쇄 인쇄·2025년 12월 5일
초판 1쇄 발행·2025년 12월 10일

지은이·이 창 길
펴낸이·윤 영 희
주 간·권 도 희

펴낸곳·동행
등록번호· 2011. 6. 8. 제301-2011-098호

주소·서울시 중구 을지로 14길 16-11(2층)
편집부·(02) 2285-0711
영업부·(02) 2285-2734
팩 스·(02) 338-2722
이메일·gonggamsa@hanmail.net

값 10,000원
ISBN 979-11-5988-047-6

추억 여행

이창길 시집

동행

| 시인의 말 |

책 한 권 드립니다

늦깎이로 등단하여 시집을 내니
때로는 자랑이요 흐뭇하기도 합니다.
글쓰기에 취미를 붙이니 세월이 잘 가기도 합니다.
쓸모없는 늙은이를 누가 홍보하겠습니까?
내가 해야지 하는 꼴입니다.
이제는 글 쓰고 카톡으로 보내는 것이 취미가 되어
다른 생각할 여지가 없어 좋은 것 같습니다.

어려운 詩는 쓸 줄도 모릅니다.
지나온 과거와 현실을 추억하는 대로 느끼는 대로
형식 없이 쓰는 것입니다. 순서도 없습니다.
장르도 분류하지 않고 쓴 순서대로 나열했습니다.

과거의 어려웠던 시절을 회상하고
우리가 발전시킨 우리나라가 이상한 풍조로 가고 있어
우려하는 글을 쓰게 되었습니다.
자식 잘되고 나라 잘되는 것이 늙은이의 소원
아닙니까?
그동안 낙서한 글이 60편 정도 됩니다.
제가 갑자기 뇌경색이 와서 더 이상 진행할 수 없어
반토막 시집이 되었습니다.
저를 아는 사랑하는 지인들에게
제가 죽어서도 기억할 수 있는 희망으로
책 한 권 드립니다.

2025. 12. 10. 이창길

풍자와 해학이 있는

김건중
(소설가·한국작가협회 회장)

이창길 시인을 만난 것은 2012년으로 기억된다. 그 해 늦가을 『한국작가』로 등단했으니 어언 13년이란 세월이 흐른 셈이다.

그 후부터 만남이 있을 때마다 시 서너 편을 썼다면서 보여 주곤 했었다. 이런 연유로 평론가는 아니지만, 이창길 시인이 시집을 낸다기에 몇 마디 부치게 되었다.

시가 무엇인가 어떤 상황을 보고 느끼고 인식된 것을 쓴 것인데, 그 느낌의 감성에 따라 형상화된 표현은 다양할 수밖에 없다. 여기서 인식이라는 것은 시의 내용에 따라 시는 사뭇 다르다는 의미이다.

이창길 시인은 폭넓은 사유와 사색의 편린들이 깊은 철학상을 지니고 있다. 시의 형태는 사회현상에 대한 직관적 상상에서 비롯되는 성싶지만, 날카로운 풍자와 해학이 메타포를 지니고 있어 깊은 혜안이 있음을 엿볼 수 있다.

언뜻 보기에는 지나가는 말처럼 쉽게 들릴지 모르지만, 그 속에는 전지적 시점으로 바라본 세상사의 시적 아우라가 담겨 있고, 그 담겨 있는 의미는 실로 가슴 깊이 새겨야 할 화두를 끄집어내기에 충분하다.

바꿔 말해 쉽게 읽히고 가벼워 보일 수 있지만 깊은 의미와 연륜의 지혜가 살아 있는 상징적인 시라는 이야기다.

이창길 시인은 참 긍정적이고 밝은 성격을 지닌 분으로 그 인성 또한 본받고 싶을 정도로 고우신 분이다. 시인 이전에 인간적으로 늘 가까이 지내며 마음공부 하고 싶은 충동을 느낄 정도다.

필자는 늘 문학 이전에 인간이 되어야 한다는 말을 해 왔다. 그것은 문학뿐 아니라 다른 분야도 그러해야 한다고 생각하는데 이창길 시인은 그 점에 있어 가슴에 와닿을 정도다.

이번 출간되는 이창길 시인의 시집은 앞서 말한 해학이 있고 풍자가 있는 시들로 일상의 답답함을 느끼는 독자에게 시원하게 풀어 줄 수 있는 그런 시다. 이를테면 읽을수록 시원함을 느낄 수 있는 통쾌한 시라는 것이다.

굳이 어려운 시어를 앞세워 독자에게 그 의미 전달을 어렵게 하거나 말랑말랑하고 감성적 언어의 나열 등 시의 본질을 흐리게 하는 것이 아니고, 이창길 시인의 시는 직접적인 시어의 구사로 독자가 그 의미를 편하고 쉽게 받아들이게 한다는 점이 큰 장점이라고 생각한다.

이제 황혼의 들녘에서 그간 생각했던 인식의 세계를 시로 형상화하여 독자에게 다가서는 이창길 시인 시집 『추억 여행』의 발간을 진심으로 축하하며 늘 가슴에 시심을 지니고 살아가길 기원한다.

결국, 이 시들은 그간 세상을 살아오면서 가슴에 가라앉은 소중한 앙금이기 때문이다.

| 차례 | 추억 여행 |

제2부 • 바람이 그냥 지나가지 않는다

제3부 • 휘파람만 불다가

밭때기 오백 평/ 논 여섯 마지기
우리 아버지 평생직장이다//
벼 베고 보리 베고/ 소풀 베고 철나무 치고
자유자재 아버지의 무기다//
겨울철에는 나무꾼이 되어/ 오일장에 내다 팔고
귀한 돈을 만지시며/ 환하게 웃던 우리 아버지

제1부

항해를 마치고 정박 중

사모곡

어릴 적 울 엄니
피난길이 생각나요
나를 업고
할골고개를 넘었어요

어릴 적 울 엄니
고무신이 생각나요
처음 학교 갈 때 사 주신
왕자표 생고무신
친구들이 부러워했어요

어릴 적 울 엄니
동네 베를 다 메시고
보릿고개를 넘었어요

어릴 적 울 엄니
너무 억울해요

시시한 병 장질부사로

세상을 떠났어요

* 베를 메다 : 마당에 모닥불을 피우고 실을 감는 작업

박꽃

마흔아홉 살 우리 어머니
초혼招魂을 부르실 때
지붕 위에서
차마 떠날 수 없어
박꽃이 되었다

어린 딸 남매
올망졸망 박으로 키우시고

쓸모 있는 바가지가
되라 하시곤
하늘나라로 가시었다

어머님 산소에서

시래기죽 싫다며
밥 달라고 칭얼대던 나를 보고
부엌에서 몰래 우시던 어머니

지금은 하루 세 끼 흰쌀밥에
고기도 먹습니다
걱정하지 마십시오

어머니 임종하시던 날
초등학생이던 제가
어머님 옆을 지킬 때
학교는 꼭 다니라고
당부하셨지요

그 후로 고등학교까지 졸업하고
국가에 봉사하고
국가유공자가 되었습니다

기뻐하십시오

제가 벌써 팔순 노인이 되었습니다
어머님 당부대로
떳떳하게 살았습니다
감사합니다

초승달

밭뙈기 오백 평
논 여섯 마지기
우리 아버지 평생직장이다

서울로 과거시험 보러 가듯
1박2일 수원水原에 가서
왜낫을 사 오셨다
이름은 왜낫이지만
최초의 Made in Korea

벼 베고 보리 베고
소풀 베고 철나무 치고
자유자재 아버지의 무기다

겨울철에는 나무꾼이 되어
오일장에 내다 팔고
귀한 돈을 만지시며

환하게 웃던 우리 아버지

애지중지하시던 낫을
하늘나라에서도 품고 계신다

팔 남매

충북 옥천군 청성면 산계리 202번지
금강 상류 나루터에서
통통배 8척이 떴다

풍파를 헤치며
전국을 누비다

순주順周호는 청주에서
헌주憲周호는 보령에서
점주占周호는 행방불명
양주養周호는 군포에서
순자順子호는 대전에서
창길昶吉호는 성남에서
복주福周호는 서울에서
방주芳周호는 서천에서
항해를 마치고
정박 중이다

돈 버는 기술은 없어도
우직하게 살아 연금 받고 사니
모두가 행복하다

핫바지로 살아
여한이 없다는 게 자랑이다

작은아버지

어머니 일찍 돌아가신
조카들을 각별하게 보살피신
작은아버지

남을 위해 밤새 기도문을 외우시고
아침에 돌아오셔서
백설기를 주시던
작은아버지

내가 고등학교를
어렵게 다닐 때
공부 잘하라고 격려해 주시던
작은아버지

동네 제삿날을 다 기억하시는
머리 좋고 자상하시던
작은아버지

앞을 못 보셔
고생만 하시다가
성공한 양아들 효도도 못 받으시고
일찍 하늘나라로 가신
작은아버지

사랑합니다
추모합니다

* 2011년 작은아버지 기일忌日에

1957년 옥천역

대구는 삼백 리
서울은 천 리

두 갈래 선로 위에
날 저무는데

뻐꾸기 슬피 울듯
시계는 울고

식모살이 우리 누나
언제 오려나

1958년 시골버스

차 안은 담배연기
메케하고

아기는 보채며 울고
상이용사는 껌을 돌리며
사 달라고 애원하고

차주 겸 운전사는
모르는 척하고

차장 아가씨가
"오라잇" 하면
덜크렁덜크렁
시골길을 달린다

* 처음으로 BUS 타고 청주농고에 유학 갈 때 실제상황입니다.

새 아파트에 모시다

단독주택이 20년이 넘었으니
새 아파트로 이사시켜 드리라는
용인천주교공원묘지 관리사무소의
반가운 소식

평안북도 강계에서 월남하셔
평생 망향가를 부르시던
장인 장모님
이장移葬을 해드리다

최고급 수의를 입혀 드렸건만
습기가 차 이사 운에
윤달까지 끼었으니
복을 받으셨다

깔끔하게 화장火葬을 해드리고
운 좋겠게도 정남향 3층

로열층에 모시었다

귀여워하시던 손주들이
집들이도 해 드리고
꽃다발도 걸어 드렸다

대리석으로 올린
영구아파트에서
영면하시옵소서

* 2018년 6월 20일 이장해 드리다.

아낌없이 주는 나무 1

-형님, 9旬을 축하합니다

옥천군 청산중학을 전교 1등으로 졸업하시고 공무원으로 출발하시어 승승장구하시다가 공무원 월급의 10배로 유명한 보령의 동보탄광 소장으로 스카우트되어 70년대 석탄 전성시대의 주역이셨지요 수천 명 광부들의 간조날이면 대천읍 내 개들도 돈을 물고 다니고 경제 발전의 호황을 이루셨습니다 5남매를 대학 졸업시키고 동생들까지 돌보신 우리 집의 태양이셨습니다 아들을 서울공대 졸업시키고 지하철공사 부사장으로 키우셨고 큰사위는 향군사무국장 둘째 사위는 농협 셋째 사위는 국민건강보험 공단에서 정년퇴직하여 지금은 장인어른을 태양처럼 모시니 부럽습니다 제주도 공비토벌 전공으로 국가유공자로 예우받으니 가문의 영광입니다 글과 서예에 뛰어나시고 덕담을 잘하셔 노인복지관에서 인기가 대단하시다니 즐겁게 사셔야 되겠지요 형수님이 먼저 가신 외로움을 잘 극복하시고 오래오래 건강하게 사시실 기원합니다 형님 9旬을 맞이하여 만세! 만만세!

* 2018년 5월 23일 9旬 잔치에 낭독해 드리다.

아낌없이 주는 나무 2
-누님 8旬을 축하합니다

청명한 아침 햇살 속에 다소곳이 피어나는 농막 들녘의 풀꽃처럼 늘 낮은 자세로 사시던 누님!

전주 이씨 덕천 가문에 나시어 총명하셨으나 어머니 일찍 돌아가시어 만고풍상 겪느라 배움의 기회가 없으셨습니다 그러나 어른에 대한 공경심과 예의범절을 지켜 늘 허리 굽히고 친절하였지요 제가 청주에서 고등학교 다닐 때 함께 자취하다가 청주를 떠나실 때 어떻게든 학교를 마치라고 연필로 쓴 마지막 편지 지금도 기억하고 있습니다. 하동 정씨 문중의 4대 독자 매형과 동반자가 되면서 새로운 삶이 시작되었지요 매형께서는 도농리 이장里長으로 장기 추대되어 조국 근대화의 새마을 지도자로 사셨지요 누님은 자식이 귀한 집에 시집가셔서 복스런 5남매를 주렁주렁 낳으셨네요 누에고치 기르고 담배농사 지으며 어렵게 자식들을 공부시켜 KT에 셋을 취직시키고 셋째딸과 며느리는 공무원으로 남들이 부러워하는 가족을 이루셨습니다 늘그막에는 자식들이 찾아와 쉴 수 있는 나무로 살고 계시네요 농막 들녘을 새처럼 날던 누님이 지금은 대전시 아파트에서 거동이 불편하셔 갇혀 살고 있네요 바로 이웃에 큰 병원이 있으니 잘 이용하여 오래오래 사십시오 성공한 자식들의 효도 듬뿍 받으십시오 세월은 유수하여 어느덧 팔순이네요 누님 매형 만세! 만만세!

* 2018년 5월 23일 누님 80회 생신에 낭독해 드리다.

추억 여행
-청성초등학교에서

구구단 못 왼다고 회초리 들던
검은 한복차림의 이영자 선생님
3학년 교실을 들여다보고

공부 못 하면 커서
똥장군 진다고 하시던 한광석 선생님
5학년 교실도 들여다보고

서울서 피난 온 조태희
그녀를 짝사랑했던
6학년 교실을 들여다본 후

양발올려차기의 명수
김기홍과 한판 붙었던
학교 뒤 공터도 돌아보고

지금은 전교생이 20명 정도라는데
그땐 500여 명의 졸업생들과

동네 개까지 모여 붐비던 가을운동회
만국기가 휘날리던 운동장을 돌아보며

강홍식이라는 놈 때문에
운동회 때마다 달리기에서
만년 2등을 했던
운동장 트랙을 한번 달려 보았다

마지막으로
100살이 넘는 플라타너스 나무 아래
벤치에 앉았다

인생 항로를 거쳐
늙은이로 돌아온 나를 보고
나뭇잎을 흔들면서 반가워하는
버짐 핀 플라타너스 나무
두 팔로 그를
꼬오옥 껴안아 주었다

대통령 이창길

초등학교 6학년 때 선생님께서
장래 희망 조사를 하시었다

반장인 나는 당당하게
대통령이 되겠다고 하여
우레와 같은 박수를 받았다

말썽꾸러기 박정식은
트럭 운전사가 되겠다고 하여
웃음바다가 되었다

나는 청운의 꿈을 안고
서울에 왔건만
우물 안 개구리의 개꿈이었다

박정식이는 대전大田에서
화물차를 열심히 몰더니

화물회사 사장이 되었다

동창회에 나가면
나의 별명이 대통령이다
임기가 없는 만년 대통령

박정식이는 돈 잘 내는
임기가 없는
만년 동창회장이다

학교 경비원이라
시간이 잘 나지 않지만
죽기 전에
청와대 구경이나 한번 하고 싶다

* 70세에 학교 야간 숙직경비원으로 취업하다.

병정놀이

내 고향은 충북 옥천군 두메산골
60여 호 되는 작은 마을이지만
내 또래 친구들이 10여 명이나 된다
집집마다 8~9 남매니 그럴 수밖에

6.25전쟁 직후에는
병정놀이가 유행이었지

동네에서 제일 부잣집이며
씨름왕인 전대영이 육군대장
나는 옆집에 살며
친하다는 이유로 육군중장

아버지가 보도연맹으로 이북으로 끌려간
김형구는 육군소장
형이 백마고지 전투에서 전사한

한성구는 육군준장
서울서 피난 온 조영길은 육군대령
허풍쟁이 박정식은 육군중령

가끔 뒷동산에 올라가
인민군을 무찌르는 병정놀이를 했지

전역 후에는 전국으로 흩어진
그대들이여!

전쟁의 폐허 위에
조국 근대화에 앞장선 그대들이여!

허리를 펴니
황혼의 나그네가 되었구려

고급장교의 기상이
지금도 살아있겠지
투철한 반공정신이 살아있겠지
궁금 하구나
보고 싶구나

대청댐

평상시엔 나타나고
장마철엔 사라지고

요술 같은 잠수교
문명으로 가두고

난감했던 어린 시절
추억으로 가두고

새롭게 살라네
잊고 살라네

제2부

바람이 그냥 지나가지 않는다

산딸기

전생에 그리던 님
못다 한 미련 있나

구름결에 띄운 사연
하늘을 맴돌다가

그리움의 아픔이
씨앗으로 낙점되어

외롭게 고개 숙여
얼굴 붉히네

고구마

어머니가 밉던
고구마 사랑

밥 대신 행세하던
못생긴 천덕꾸러기

노오란 속살을
자랑하며

좌판에 누워 있는
귀하신 몸

가로수가 너무 슬프다

먼지 공해 차떼기로 들이마시고
자동차 경적소리에
잠을 잘 수가 없다

일렬종대 부동자세로 서서
높은 사람 지날 때는
사열도 해야 한다

'목격자를 찾습니다'
무거운 현수막도 들도
억울한 사람 도우라 하고

24시간 교대 없는 경비업무
과로에 시달린다

가장 괴로운 건
키만 크면 잘라 버리는

인간들의 못된 짓이다

새들의 노래 듣던
고향 산천이 너무 그리워
돌아가고 싶지만

온몸을 꽁꽁 묶여
노예처럼 살고 있다

흘러가는 뭉게구름이
가끔 눈물을 흘리며
비를 뿌린다

느티나무

야탑역 3번 출구로 나가면
자유의 광장 중앙에
느티나무 할아버지가 서 계신다
빌딩과 어깨를 나란히
기세가 등등하시다

100여 평의 그늘을 만들고
사람들을 쉬게 하느라
쉬는 날도 없다

새들에겐
보금자리를 제공하고
보듬고 살아간다

꼿꼿한 자세로
역사의 현장을 지켜보았으리
3·1운동 6·25전쟁 때는

얼마나 울었을까?

1000년을 사는 느티나무
세월이 지겹기도 하건만
광장을 지키며 봉사하며 산다

유람선 기행

유람선이 떠납니다
멀어지는 서귀포西歸浦

저기 보이는 정주영 별장
그 옆에 보이는 이주일 별장

세월에 인질되어
그토록 버티지만

마음 약한 부귀영화
어디론지 사라졌네

SILJA LINE

가을바람

I

매 맞고 몽땅 털린
호두나무가
멍청하게 서 있다

바람이 그냥
지나가지 않는다

'피해보상'
요구하라며

II

황금 들판을 지킨
허수아비가
일인 시위를 하고 있다

바람이 그냥
지나가지 않는다

'최저임금'
요구하라며

까치가 행복하네

아파트 단지 금싸라기 땅에
공짜로 입주하여

키다리 고가高價 소나무에
무허가 집을 짓고

비행구역 무시하고
제 맘대로 날아다니고

아침마다 고성방가高聲放歌
예의도 없다

신분당선

강남江南군과
정자亭子양이
화촉을 밝히네

16분 만남의 세월이
얼마나 그리웠던가

살기 좋은 분당에서
5년 살더니

광교光敎로
이사를 간다네

아들딸 많이 낳고
잘 살거라

* 2018년 6월 신분당선 연장 개통식에 참석하다.

돈

세종대왕 사칭
사기죄로 수배되어

지갑 속에
숨어 있는
떠돌이 신세

도자기

돈도 많고
명예도 있고

하는 일 없이
좋은 자리에 앉아
임기도 없다

돼지국밥

왕골로 돗자리를 만들어
청산靑山 오일장에
내다 팔던 우리 아버지

장날이면
학교에서 파하면
아버지를 찾아갔지

아버지가 사 주시던
돼지국밥 한 그릇
정말 맛있었지

무쇠 가마솥에
새벽부터
끓이고 달인
걸쭉한 돼지국밥

아버지가 그리우면
생각나는 돼지국밥

지금은 없는
추억의 돼지국밥

옥천을 아시나요

대한민국 영토의
정중앙에 위치하고
한가운데 금강이 흐르고
경부선 경부고속도로가 통과하는
살기 좋은 옥천沃川을 아시나요

구석기 신석기 시대의
유물이 살아 있구요
삼국시대엔 신라 땅이 되었다가
백제 땅이 되었다가
서로 차지하려는
요충지라는 사실史實을
아시나요

임진왜란 때 인재를 양성해
의병을 지원한 조현
노론의 영수였던 송시열

단종의 복귀를 도모하다가
죽임을 당한 김문기 등
충절의 의인이 이곳 출신임을
아시나요

옥천을 가로지르는 금강엔
메기 빠가사리 모래무지 등
청정 물고기가 서식하여
전국의 낚시꾼들을 유혹하는 것을
아시나요

옥천에는 전국의 최대 묘목단지가 있고
나무들의 고향이 이곳이라는 사실을
아시나요

정지용 시인의 생가에는
농촌을 배경으로 한 역사가 전시되고

유학시절의 작품이 전시되어
문학도들의 발길이 끊이지 않는 것을
아시나요

조국 근대화의 영웅
박정희 대통령의 처갓집이며
육영수 여사의 생가엔
추모객들이 끊이지 않는 것을
아시나요

역사에 빛나는
충절의 고장
양반의 고장
내 고향 옥천이여
영원하리라

성남을 아시나요

남한산성 청계산 불곡산으로
에워싸인 아늑한 분지에
한가운데 탄천이 흐르는
천혜의 도시
성남城南을 아시나요

탄천에는
메기 잉어 떼가 몰려다니고
황새 청둥오리 너구리도
서식을 하구요

제방에는
개나리 벚꽃 진달래가 만개하여
꽃길터널을 이루구요
둘레길은 시민들의 활기찬 산책이
끊이지 않는 것을 아시나요

성남에는 전국에서 유명하다는
전통시장 모란장이 있구요
전국의 특산물이 모이고
그리운 사람과 만나
정을 나누는 사실을 아시나요

성남에는 서울대병원 차병원 등
종합병원이 6개 있구요
장수시대를 선도하고
외국인들도 몰려드는
사실을 아시나요

경기도문인협회가 성남에 있구요
유명한 『한국작가』 종합문예지를 발간하고
많은 문인들이 창작활동을 하는
사실을 아시나요

성남은 분당신도시 판교신도시 위례신도시가
유입되어 인구 100만의 광역시급 도시로
성장한 사실을 아시나요

우리나라에서
제일 큰 첨단과학단지
판교테크노밸리가 완공되어
3,000여 기업 고용인원 20만 명 연매출 100조의
경제허브로 성장한 사실을 아시나요

금년이 시 승격 50주년이라네요
'첨단과 혁신의 희망도시' 성남
영원하리라

몽당연필

어머니가 계란 팔아 사 주신
고무 달린 문화연필

깎이고 깎이어
몽당연필이 되었네

학교길에 필통 속에서
달그락달그락
박자를 맞추던
몽당연필

희미하면
침 발라 쓰던
몽당연필

초등학교 시절
인생길을 열어 준
추억의 몽당연필

놀부시대

놀부 횟집
놀부 보쌈집
놀부 노래방

간판도 반듯하고
손님도 많다

놀부는
잘 먹고 잘산다

신시대 제비들이
흥부전을 알까?

흥부는
너무 외롭다

도둑고양이

먼 옛날 보릿고개 시절
부뚜막을 오르내리던 조상 때문에
붙여진 이름 도둑고양이
이름이 고약하다

지금은 음식쓰레기통 청소하며
착하게 살고 있는데

과거사를 용서하지 않으니
얼마나 저주할까?

도둑고양이는
사람이 쳐다보면
슬금슬금 도망을 간다

똥 묻은 놈이
겨 묻은 놈을
쳐다본다며

먹구름

세계에서 유일한
청도淸道 소싸움 경기장

싸울 사이도 아니고
싸울 이유도 없다
사람이 싸우라니까
싸울 뿐이다

평생 일만 하고 사느라
한 번도 웃어 본 적도 없고
착하게 살고 있는데…

엄청난 힘으로 몰아붙이며
사투死鬪를 벌인다
쇠뿔이 부러지고
목덜미가 거덜이 난다

구경꾼들은
박수를 치고 환호성을 지른다

맑은 하늘에 먹구름이 몰려오더니
장대비를 퍼부어
아수라장이 되었다

마침 남북 연락사무소가
폭파되었다는
뉴스가 떴다

먹구름이 이번에는
벼락까지 동반하고
북으로 이동하고 있었다

호스피스

팔순 노구에도 매일
분당노인복지관 바둑실을 찾던
홍일점 바둑 애호가 그 사람

이창호 바둑책을 가방에 넣고 다니며
바둑 사활에 정통하던 그 사람
자신의 사활에선 깜박하였을까?
층층대에서 넘어지다니…

명절 때는 이웃들에게
과일값을 돌리던
정이 많은 그 사람
여자지만 할말을 다하고
솔직하게 살던 그 사람

자신의 운명을 미리 알았을까
서둘러 500억대 전 재산을

장학재단 설립하고 나라에 기증하고
흐뭇해하던 그 사람

어서 일어나십시오
김영순 여사님!

* 내가 가장 많이 바둑을 두었던 여사께서 사고 후 2달 만에 세상을 뜨다. 입원 시 이 詩를 쓰다.

감기

춘하추동
구별하지 않고
제 할 일은 알아서 한다

보일 듯 말 듯
얼굴을 잘 드러내지도 않고

마나님 안방이든
비밀스런 안가安家든
제 맘대로 드나들고
예의범절이 전혀 없다

건장한 사람엔
어깨만 툭 치고 지나가고
약한 사람엔
장난을 치고 희롱을 한다

목을 간질이기도 하고
코를 막기도 하고

법이 무서워 죽이지는 않지만
고문 기술이 가관이다

아무리 과학이 발달해도
'날 잡아 봐라' 하고
큰소리치는 조폭 같은 놈

실버요양원

외아들 유학 보내
박사학위 따 오고
절세미인 며느리 맞이하여
남들이 부러워했지

갑자기 세월에 멱살을 잡혀
거동이 불편하고 정신이 어눌해
삼식三食이 신세가 되었지

타의 반 자의 반
산장호텔로 갔지
헬스장 사우나 수영장
극락세계로 보였지

산새 소리 너무 슬프고
꽃마차가 올 때까지
도와드리겠다는 젊은 원장님은
저승사자로 보였지

며느리 눈치 보는
아들과의 영상통화

'내 집에 가고 싶다' 말하면
코로나로 어수선한데
그곳이 안전하다며 위로하네

유일한 취미
카톡을 들여다보면
세상이 어지러워
꿈인지 생시인지 구분이 안 되네

너무 외로워
먼저 간 할망구
사진을 꺼내 보니
어서 오라고 손짓을 하네

* 나의 바둑 선배 H씨가 중풍으로 요양원에 가다.

고속도로에서

운전면허증 반납을 앞두고
고향을 다녀오며
어쩔 수 없이 자동차 경주대회에
참가하게 되었다

'안전벨트는 생명줄이다'
'졸음운전의 종착지는 이승이 아니다'
곳곳에 현수막이 펄럭이고

대낮 전광판에선
어제의 교통사고 건수를 알리며
경고하고 있었다

트럭에 실린 도야지들
공포에 떨며
어딘지 모르게 끌려가고

하이에나가 지나가는 먹잇감을 노리듯
군데군데 견인차들이
사고 나기를 기다리고 있었다

50m 안전거리는 빛 좋은 개살구
CCTV를 피해 과속으로 끼어드는 얌체족
과적 화물차의 굉음을 지르며 지그재그
죽음의 그림자가 차창에 어른거렸다

트로트 노래 들으며
여행을 즐기던 그 길
아! 그리운 옛날이여

* 사랑하는 운전면허증을 2018년 12월 자진 반납하다.

제3부

휘파람만 불다가

운전면허증

내가 30대 초반 시절
2번을 퇴짜맞고 3번째 만난
첫사랑 여인이여

추우나 더우나
비가 오나 눈이 오나
인생길을 같이 걷던 그대여

여행을 좋아하는
멋진 그대여

가슴에 품고
50년을 살아온 조강지처를
분당경찰서에 10만 원에
팔아넘겼다

그날 저녁

소주 1병을 마시고
한없이 울었소
아! 내가 나쁜 놈이여
아! 얄미운 세월이여

지팡이

중국에서 이민 온 그를
단돈 20,000원에
고용을 했다

추우나 더우나
비가 오나 눈이 오나
나를 도와주는
순둥이다

내가 병원에
입원했을 때는
근심 어린 표정으로
지켜보고

공원에서
바둑 둘 때는
나무에 걸터앉아

응원해 준다

밤에는 문에 기대어
보초를 서고

아무리 힘들어도
눕지 않는
건강한 모습이다

그를 영입한 건
대박이었다

미운 세월

머리는 지붕이 날아가
대머리가 되었다

귀[耳]에선 119 사이렌 소리
그칠 줄 모르고

단맛 쓴맛 함께한 이빨은
먼저 세상을 떠나고

나도 모르게
지팡이 신세가 되었는데

세월이라는 놈은
모른척하고 앞만 보고 가네

가는 길을 모르면서
따라오라 하네

이팝나무

가을걷이
풍년이 오면
고봉밥을 먹었지

지금은 널브러진
고봉밥 시대

진달래꽃

눈 쌓인 언덕에서
휘파람만 불다가

다소곳이 찾아온
봄소식에
옷깃을 여민다

봄에는 창꽃
여름엔 철쭉꽃

이쁘게 치장하고
등산객을 맞이하네

행복

큰놈은 평촌에서 살고
작은놈은 위례신도시서 산다

주말이면 손주들이 온다
중학교에 다니는 손자가
수학학원에서 90점을 받았다며
청구서를 내면
거금 만 원을 지불한다

할아버지가 어릴 적 수학시험을 망쳐
체신고등학교에 떨어진 게 한이 되어
할아버지가 만든 현상금이다

다섯 살배기 손녀는
할아버지 귀를 잡아당긴다
아이스크림 사 달라는 신호다
주말이면 할아버지는 봉이다

준수에게

한밤중에 할아버지가
더듬더듬 화장실에 가는데
준수가 몰래 뒤따라와
불을 켜 줘 깜짝 놀랐다

형과 자주 싸워 미워했는데
할아버지에 대한
애틋한 사랑이 있었구나

준수가 할아버지를 생각하듯
나도 준수에게 소원이 있다

할아버지는 어릴 적
너무 가난해서
공부도 제대로 못했단다

준수는 우리나라가 많이 발전하고

아버지가 좋은 직장 다녀
얼마든지 공부할 수 있다는
사실을 알아야 한다

열심히 공부해서
할아버지보다 잘살아야지

할아버지가 넘어질까 봐
걱정해 주는
우리 손자 준수 너무 고맙다

자전거 사랑

중국에서 이민 온 그를
몸값 10만 원에
고용을 했다

비싼 기름은 마다하고
바람만 넣어 주면
싱글벙글 신나게 달린다

속도위반 주차위반
한 번도 걸린 적 없고
양처럼 온순하다

판교역 정자역 노인복지관
아무 데나 세워 놓고
며칠 후에 찾아가도
화내지 않고 나를 반긴다

성남시에서 안심하고 타라며
보험까지 들어 주니
얼마나 고마운가

내가 늘그막에
자전거 사랑에 너무 빠졌나

할망구는 조심하라며
매일같이 성화다

전봇대

세월을 짊어지고
무겁기만 하건만

벼락을
몸으로 막느라
아프기도 하건만

지하로 들어가라고
이웃 주민들이 시위하면
섭섭하기도 하건만

세상엔 등불을 주며
어둠 속을 홀로 섰네

* 2025년 성남문화예술제에 전시되다.

2020 쥐띠해를 맞이하여

경자년庚子年 쥐띠의 해
일반 쥐가 아닌 흰쥐의 해
백의민족인 우리나라에
경사가 있게 하옵소서

인체실험용으로 헌신하는
거룩한 서생원의 희생정신
코로나19 퇴치에 협조하여 주옵소서

수십 마리의 자식을 키우는
서생원의 일생
저출산 인간사회에
경종이 되게 하옵소서

쥐뿔도 없으면서
있는 척하는 인간들에게
쥐뿔이 없다는 것을

알게 하여 주옵소서

지하에 살면서도 불평 없는
서생원의 주거생활
좋은 집만 찾아 자꾸 집값이 오르는
인간들에게 반성하게 하옵소서

잘못을 저지르고
쥐구멍을 찾는 인간들에게
쥐구멍은 피난처가 아니라는 것을
깨닫게 하옵소서

툭하면 '쥐새끼 같은 놈'이라고
욕하는 인간들에게
제발 막말 좀 하지 말게 하옵소서

* 『한국작가』 2020년 봄호 게재

나의 바둑 명세서

서울에서는 5급을 둡니다
내기 바둑에 기원원장이
정해진 급수입니다

분당에서는 3급을 둡니다
분당노인복지관을
찾은 덕분입니다

고향에서는 1급을 둡니다
자칭 1급짜리 고수를 꺾은 후
자동으로 진급했습니다

인터넷에선 아마4단을 둡니다
얼굴 없는 자존심 때문입니다

5급에서 아마 4단까지
가는 곳마다

나의 명함이 다릅니다

그렇다고 사기꾼은 아닙니다
바둑이 요술쟁이입니다

바둑처럼 살아라

정치인들이여
치고받고 싸우지만 마라
반 집을 져도 깨끗하게 승복하는
바둑처럼 살아라

기업인들이여
세상은 급변하는데
안주하지 마라
끊임없이 도전하는
바둑처럼 살아라

청년들이여
경쟁사회 어렵다고
서러워 마라
싸우며 화해하며
바둑처럼 살아라

노인들이여

내가 늙었다고

외로워 마라

생각하며 즐기는 바둑처럼 살아라

* 분당노인복지관 바둑실에 게시

괴담에 속지 말자

광우병 괴담
시드 괴담
연평도 괴담
이번엔 오염수 괴담
나라를 흔들도다
오염수가 태평양을 돌아
대한해협으로 6년 후에
돌아온다는데
가장 먼저 피해를 보는
미국과 캐나다는 말이 없다
과학을 믿고 문제가 되면
중단한다는데
한국이 죽창가를 부르고
중국이 박수를 치니
창피하도다
과학 올림픽인 부산 엑스포를
유치하겠다는 나라가

과학을 부정하니 이상하도다
선동하는 정치인들이여!
각성하라
각성하라

* 2023년 여름

이제 청결합시다

세계에서 유일하게
핵무기를 사용한 미국
세계에서 유일하게
핵무기를 맞아 본 일본
화해했듯이

세계에서 가장 전쟁을
많이 한 영국 프랑스
화해했듯이

세계에서 가장 가까운
이웃 일본과
과거사에 매몰되어

죽느냐 사느냐
국제경쟁 속에
국익이 손상되고 있으니

이제 청결합시다
청결합시다

* 2023년 2월 한일 정상회담을 보고

아내에게

월남 참전 환영식장에서
언니의 소개로
처음 만난 당신
마음에 쏙 들었습니다

12번 이사 다니며
불평 없이
이삿짐 싸는 데 도사이신 당신
고맙습니다

뜬구름을 잡겠다며
퇴직금을 날렸을 때
액땜하였다며
격려해 준 당신
고맙습니다

두 아들

직접 과외시키며
정성을 다해
성공시킨 당신
고맙습니다

늘그막에
뇌경색을 앓는 나를
부추기며 사는 당신
고맙습니다

하늘나라에 가면
명찰을 달고
기다리겠습니다

다시 만나
평화로운 그곳에서
오래오래 살아 봅시다

염라대왕을 만나다

전광판 대기 순번 이★길
호명 없이 노크 없이 들어가란다
문을 열고 들어가니
카이젤 수염의 대왕님께서
양측에 저승사자가 경호를 하고
대형 안락의자에 앉아
세상을 호령하고 계시었다
이름과 나이를 복창하고
가슴이 두근두근
힘없이 의자에 앉았다
흑백사진을 판독하시더니
나의 과거사를 잘 알고 계시더군
산을 넘고 강을 건너
여기까지 왔는데
할 일이 조금 남았다며
최후진술을 드렸다
연민의 정으로 쳐다보시더니

번호표를 다시 뽑아 주셨다
배석하신 분당차병원 김원찬 교수가
안도의 한숨을 쉬시더군
대왕님께 90도로 감사인사를 드리고
뒷문으로 빠져나와
대기하고 있던 아들내미 차를 타고
보름 만에 용인 뇌 질환 전문병원인
린병원으로 후송되던 날
저승에서 이승으로
휴가 나오는 기분이더군
밀려드는 자동차 행렬
환영 카퍼레이드로 보였지
겨울 매화가 만발하여
세상이 눈꽃으로 찬란하더군
대왕님! 감사합니다

* 용인 뇌질환 전문병원인 린병원에서 진료 중입니다. 9월쯤 퇴원 가능하답니다. 저를 아는 지인들의 성원에 감사드립니다.

복지관 사랑

집에서 외로워 말고
노인종합복지관에 오시라

헬스장 탁구장 수영장
근력을 키우니 주름살이 펴지네

미술반 서예반 문예반
몽당연필의 추억이
새록새록 피어나고

바둑 장기실에선
생각하는 즐거움에
치매예방에 좋다네

노래교실 강당에선
트롯트에 흥이 겨워
덩실덩실 춤을 추네

건강강좌 교양강좌 인생강좌
노년의 아름다운 길을
안내하여 주네

보릿고개를 넘어
전쟁의 폐허 위에
복지국가를 건설한 그대들이여!

허리를 펴니
황혼의 나그네가 되었구려

약해진 체력은 채우시고
잃어버린 취미는 살리시고

웃으면서 살아야 하리
웃으면서 살아야 하리

여의도 1번지

범죄자가
인기 있는
희한한 그곳

파렴치범이
재기하는
이상한 그곳

주사파가
득세하는
배신의 그곳

셀프 특혜를
누리는
그들만의 놀이터

민생은

누가 챙기고
나라는
누가 지키나

세상이 무섭다

현재는 과거를
우습게 알고
과거는 현재를
무서워하고
무서운 세상이다

정의와 불의가
구별이 안 되고
상식과 비상식이
구별이 안 되니
무서운 세상이다

신세대는 기성세대를
우습게 알고
기성세대는 신세대를
무서워하고
무서운 세상이다

정치인은 국민을
우습게 알고
국민은 정치인을
무서워하고
무서운 세상이다

네거티브

코로나 문제
국가안보 문제
집값 폭등 문제
이슈가 돼야지요

국제화 시대에
도쿄에 아파트 한 채
문제가 됩니까
쩨쩨합니다

국제화 시대에
생태탕은 100%
러시아산입니다
생태탕 좀 먹었다고
문제가 됩니까
쩨쩨합니다

* 2020년 서울시장 보궐선거를 보고.

오늘의 교훈

거짓이 진실을
이길 수 없고

불의가 정의를
이길 수 없고

비상식이 상식을
이길 수 없고

민심이 천심을
이길 수 없도다

갑종장교 194기 임관 60주년을 맞이하여
-동지들에게

1965년
국가의 부름을 받고
"나를 따르라"라는 슬로건으로
국군의 간성이 되신
그대들이여!

155마일 전선에서
월남 정글에서
청춘을 바치신
그대들이여!

보릿고개를 넘어
전쟁의 폐허 위에
조국 근대화를 이룩하신
그대들이여!

최빈국에서

한강의 기적을 이루어
세계 10위권 경제 대국으로
우뚝 서는 데 앞장선
그대들이여!

침략만 받던
약소국에서
세계 6위의 군사 대국으로 우뚝 서는 데
주춧돌이 되신
그대들이여!

빛나는 인생 졸업장을
받는 날까지
떳떳하게 삽시다
웃으면서 삽시다

* 2025년 10월 16일 동기회장이 대독하다.